28 mars 1885

VENTE

DU SAMEDI 28 MARS 1885
Salle N° 8

TABLEAUX

TROUILLEBERT

Mᵉ HENRI LECHAT
COMMISSAIRE-PRISEUR
6, r. Baudin, square Montholon

M. JULES CHAINE
EXPERT
5, rue de la Paix

EXPOSITION PUBLIQUE LE VENDREDI 27 MARS 1885

DE 1 HEURE A 5 H. 1/2, SALLE N° 8

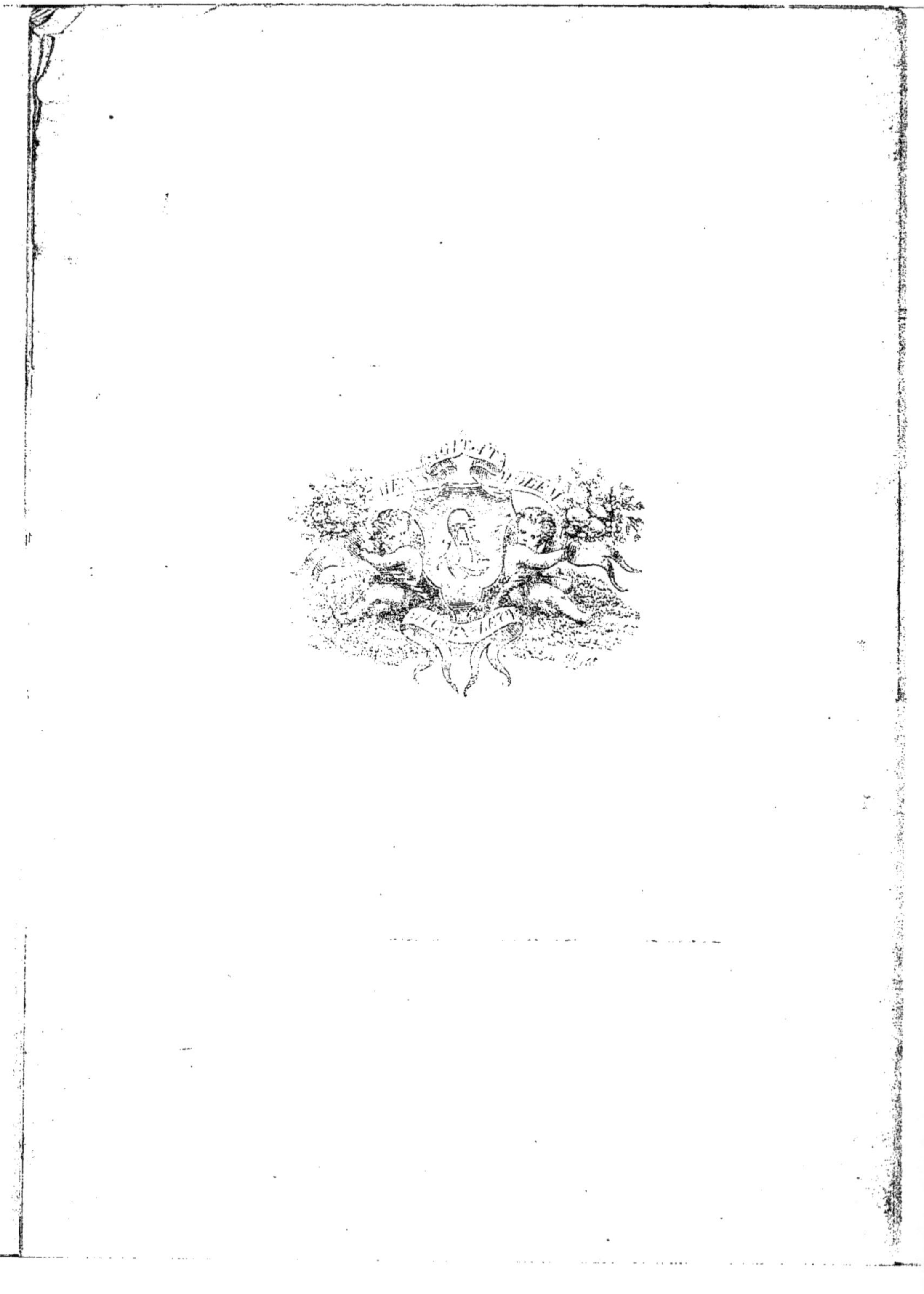

CATALOGUE

CONDITIONS DE LA VENTE

La vente sera faite au comptant.

Les acquéreurs payeront cinq pour cent en sus des enchères applicables aux frais.

Imprimerie Alcan-Lévy, 18, passage des Deux-Sœurs

CATALOGUE

DES

TABLEAUX

PAR

TROUILLEBERT

DONT LA VENTE AURA LIEU

HOTEL DROUOT

Salle N° 8

LE SAMEDI 28 MARS 1885

A 2 heures et demie

COMMISSAIRE-PRISEUR

Mᵉ Henri LECHAT, 6, rue Baudin (square Montholon)

EXPERT

M. Jules CHAINE, 5, rue de la Paix

Chez lesquels on délivre le Catalogue

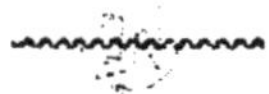

EXPOSITION PUBLIQUE LE VENDREDI 27 MARS

De 1 heure à 5 heures 1/2

TABLEAUX

PAR

TROUILLEBERT

DÉSIGNATION :

1. TOURBIÈRE A PICQUIGNY-SUR-SOMME.

L. 0.81 — H. 0.61

2. UN MAUVAIS CHEMIN A LIGAUDIÈRE; *Poitou*.

L. 0.81 — H. 0.60

3. L'Ile de la Grande-Jatte.

L, 0.81 — H. 0.65

4. Les Pêcheurs.

L. 0.81 — H. 0.65

5. Le Clocher de Meaulne-sur-l'Aumance; *Allier*.

L. 112 — H. 0.25

6. Saulée au bord de la Creuse.

L. 0.32 — H. 0.19

7. Le Chemin des Etangs a Picquigny-sur-Somme.

L. 0.19 — H. 0.14

8. Le Moulin a farine au Blanc; *Indre*.

L. 0.55 — H. 0.38

9. La Maison du Garde-Chasse au Coudray ;
Normandie.

L. 0.32 — H. 0.26

10. Prairie au bord de l'Andelle.

L. 0.27 — H. 0.22

11. Le pont Saint-Cyprien a Poitiers.

L. 0.46 — H. 0.32

12. La Chaussée du Coudray ; *Orne*.

L. 0.61 — H. 0.46

13. Lavoir sur le Clain a Poitiers.

L. 0.46 — H. 0.32

14. Le Pont du Chemin de fer a Romorantin.

L. 0.48 — H. 0.26

15. MOULIN ABANDONNÉ; *Normandie.*

L. 0.32 — H. 0.41

16. LAVEUSES AU BORD DE LA SAUDRE A ROMORANTIN.

L. 0.55 — H. 0.38

17. MOULINS DES GARÇONNETS A ROMORANTIN.

L. 0.55 — H. 0.38

18. UN BRAS DE LA SEINE A POSES; *Normandie.*

L. 0.28 — H. 0.46

19. L'USINE A GAZ A POITIERS.

L. 0.41 — H. 0.32

20. UNE ILE SUR LA CREUSE.

L. 0.55 — H. 0.46

21. LA VANNE A LIGAUDIÈRE ; *Poitou.*

L. 0.61 — H. 0.50

22. UNE ÉCOLE DE NATATION SUR LE CLAIN A POITIERS.

L. 0 55 — H. 0.46

23. UN PONT SUR LE COSSON A BLOIS.

L. 0.55 — H. 0.38

24. LA BLANCHISSERIE DU COURS A POITIERS.

L. 0.55 — H. 0.38

25. ANDRESY.

L. 0.55 — H. 0.38

26. FAUBOURG DE POITIERS DOMINANT LE CLAIN.

L. 0.55 — H. 0.38

27. Moulin a Zaandam; *Hollande*.

L. 0.41 — H. 0.32

28. La Saudre; *Romorantin*.

L. 0.55 — H. 0.39

29. Le Chemin du bac a Canteloup; *Normandie*.

L. 0.46 — H. 0.55

30. Une Scierie sur le Clain a Poitiers.

L. 0.36 — H. 0.29

31. Le Moulin du Chapitre a Romorantin.

L. 0.36 — H. 0.29

32. Une Usine sur le Clain a Poitiers.

L. 0.34 — H. 0.30

33. Moulin sur le Clain a Poitiers.

L. 0.35 — H. 0.27

34. Une Auberge au bord de la Seine; *Normandie*.

L. 0.41 — H. 0.32

35. L'Ile des Dames a Mantes.

L. 0.20 — H. 0.12

36. Canal a Zaandam ; *Hollande*.

L. 0.32 — H. 0.21

37. La Gardeuse d'Oies.

L. 0.38 — H. 0.55

38. La Source.

L. 0.26 — H. 0.48

39. La Chasse.

L. 0.33 — H. 0.55

40. La Vérité.

L. 0.70 — H. 0.42

41. Une Ferme dans le Poitou.

L. 0.45 — H. 0.35

42. Un Coin de Romorantin.

L. 0.46 — H. 0.41

43. Les Chantiers de Dordrecht.

L. 0.55 — H. 0.38

44. Au bord de l'Epte.

L. 0.27 — H. 0.22

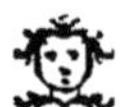

Paris, le 20 Mars 1885.

M. TROUILLEBERT prie M.
de lui faire l'honneur de visiter l'Exposition de
ses Tableaux, qui aura lieu le Vendredi 27 Mars,
de 1 heure à 5 heures et demie, *Hôtel Drouot,
Salle N° 8.*

La vente des Tableaux de M. TROUILLEBERT
aura lieu à l'hôtel Drouot, salle N° 8, le 28 Mars, par
le ministère de M⁰ Henri LECHAT, commissaire-
priseur, assisté de M. Jules CHAINE, expert.

Paris, le 20 Mars 1885.

—

M. TROUILLEBERT prie M.
de lui faire l'honneur de visiter l'Exposition de
ses Tableaux, qui aura lieu le VENDREDI 27 MARS,
de 1 heure à 5 heures et demie, *Hôtel Drouot,
Salle N° 8.*

La vente des Tableaux de M. TROUILLEBERT
aura lieu à l'hôtel Drouot, salle N° 8, le 28 Mars, par
le ministère de Mᵉ HENRI LECHAT, commissaire-
priseur, assisté de M. JULES CHAINE, expert.

9 782329 513331